APRENDENDO FINANÇAS COM DEUS

DÉBORA OLIVEIRA AIETA DE MELO

AGOSTO 2017

DÉBORA OLIVEIRA AIETA DE MELO

APRENDENDO FINANÇAS COM DEUS

1ª edição

Débora Aieta

Rio de Janeiro

2017

APRENDENDO FINANÇAS COM DEUS
© 2017 – por Débora Oliveira Aieta de Melo
Primeira edição – agosto 2017

Capa
Maurício Aieta

Diagramação interna
Débora Aieta

Revisão
Robson Vera

ISBN
978-85-923540-0-8

Contato da autora
Canal no Youtube: Fé, Foco e Finanças com
Débora Aieta
Instagram: @debora_aieta

Todas as citações bíblicas foram extraídas da *João Ferreira de Almeida Revista e Atualizada e da Almeida Corrigida Fiel, salvo indicação contrária.*

Ao meu Pai do Céu que é o dono do ouro e da prata;

Ao meu irmão Jesus Cristo, seu Filho, que pagou um alto preço por mim, preço de sangue, mesmo que eu não valesse nada;

Ao Espírito Santo que mora comigo, dentro de mim e me inspirou para escrever este livro e que vive me inspirando por aí;

Ao marido que Deus me deu, Carlos Maurício, que ainda que alguém desse todos os bens para ficar no lugar dele, seria de todo desprezado;

Aos meus filhos, Moriah e Daniel, heranças do Senhor;

Aos meus pais, meus exemplos, que me ensinaram que é possível ser próspero mesmo quando se é pobre e que sempre investiram em mim;

E a você, meu caro leitor; espero que este livro tenha sido para ti um investimento e não só mais um gasto.

Sumário

Um pouco de mim

Sou Débora Oliveira Aieta de Melo, filha de Deus e por chamado, evangelista e mulher de pastor; mãe de dois filhos lindos, um casal como eu queria.

Não tenho faculdade de Gestão Financeira e sim de Tecnologia em Informática (TI), sou Analista de Sistemas numa Multinacional, mas se alguém quiser pagar, posso fazer, não está no meu orçamento agora, todavia estou aberta para investimentos.

Já pensei em escrever um livro de poesias, escrevia muitas delas na infância e adolescência.

Agora, sobre finanças, não pensava em escrever.

Eu estava apenas montando uma palestra para os casais da minha igreja, para meu marido e para mim mesma, mas de repente, "Ele" foi me inspirando, inspirando, os tópicos foram crescendo... "Meu Deus, vai virar um livro"; foi assim.

Não pretendo enriquecer com a venda deste livro, mas vai que ele vira um best-seller! Besteira minha! A lógica me diz que grande parte dos brasileiros nem gostam de ler e muitos nem se interessam por este assunto, mas eu ainda acredito.

Meu Pai costuma me dar o que peço e o que nem peço. Não me nega as coisas, conforme a sua vontade, é claro; sendo para o meu bem e para honra e glória dele e no seu tempo.

Sou filha mimada sim, "filhinha de Papai", conto tudo para ele, mas procuro ser obediente.

Tive e tenho ótimos professores.

Minha pouca experiência, mas extremamente relevante é a seguinte:

Aprendi que ser próspero não é ser rico e sim não ter falta de nada.

Minha mãe ganha pouco mais que o salário-mínimo. É dizimista, ofertante, paga suas contas, ajuda ao próximo e ainda sobra; sobra tanto que confesso que eu ganhando bem mais, já peguei emprestado com ela e com meu pai também.

Meu pai, mesmo com pouca instrução, dá uma aula de finanças na prática. Trabalha, monta uma reserva, assim como o José da Bíblia, filho de Jacó, aliás, o nome do meu pai é José também. Ele mesmo sabendo e vendo que dinheiro não se ganha fácil, por vários anos e ainda hoje vendedor de alhos, os melhores alhos do mundo, só compro com ele, nunca me deixou faltar biscoitos e iogurtes quando criança.

Aprendi com meu marido que não adianta fazer uma planilha espetacular de controle se não consigo colocar em execução o planejado. Sem a efetiva execução do plano que exige renúncia, perseverança e domínio próprio, a planilha não vai passar de um bloco de notas onde anoto passivamente nossas Receitas e Despesas.

Aprendi com meus erros e acertos e com os dos outros.

Gosto muito do Gustavo Cerbasi, li e indico o best-seller "Casais inteligentes enriquecem juntos". Assisti a uma palestra com este escritor na empresa a qual trabalho que aderiu a Semana de Educação Financeira.

Ainda escrevendo este livro, fiquei muito alegre e mais motivada em lançá-lo por ter sido selecionada para participar do piloto do Programa de Saúde Financeira da Companhia.

E o mais importante do meu currículo é que estudo numa escola chamada "Igreja" e tenho um livro chamado "Bíblia" e o meu professor é o "Espírito Santo". Por isso o livro se chama "Aprendendo Finanças com Deus", pois foi na Palavra dele que colhi verdadeiros tesouros para aprendermos a gerir nossos recursos.

Aprendi e vivo como Davi sabendo que "O Senhor é o meu pastor e nada me faltará".

Na Bíblia adquiri conhecimento para administrar também a minha vida financeira e com certeza, se minhas palavras não te ajudarem, ela te ajudará. Afinal de contas, você vai aprender com os ensinamentos do próprio Deus.

FAÇA UM SEGURO PARA SEU DINHEIRO

Talvez você já tenha feito um seguro para sua casa, para o seu carro, mas e para o seu dinheiro? Para começar bem sua vida financeira, faça um seguro para este também.

A proteção para os seus recursos, para sua vida financeira é você ser fiel a Deus nos dízimos e nas ofertas. Conte com a garantia do Todo-poderoso e não dê lugar ao devorador.

Preste atenção no que Deus nos ensina:

"Roubará o homem a Deus? Todavia vós me roubais, e dizeis: Em que te roubamos? Nos dízimos e nas ofertas. Com maldição sois amaldiçoados, porque a mim me roubais, sim, toda esta nação. Trazei todos os dízimos à casa do tesouro, para que haja mantimento na minha casa, e depois fazei prova de mim nisto, diz o Senhor dos Exércitos, se eu não vos abrir as janelas do céu, e não derramar sobre vós uma bênção tal até que não haja lugar suficiente para a recolherdes. E por causa de vós repreenderei o devorador, e ele não destruirá os frutos da vossa terra; e a vossa vide no campo não será estéril, diz o Senhor dos Exércitos. E todas as nações vos chamarão

bem-aventurados; porque vós sereis uma terra deleitosa, diz o Senhor dos Exércitos.

(Malaquias 3.8-12)

Não dê algo qualquer, por obrigação, pressão ou barganha. Dê o melhor, as primícias, com amor, alegria, fidelidade e gratidão para que sejas aceito.

"Honra ao Senhor com os teus bens, e com a primeira parte de todos os teus ganhos; E se encherão os teus celeiros, e transbordarão de vinho os teus lagares."

(Provérbios 3.9-10)

Deus se agrada da qualidade e não da quantidade em si.

Uma viúva pobre pôde ofertar mais que muitos ricos ao olhar de Jesus. Não foram apenas duas pequenas moedas, foi toda sua confiança depositada no Pai.

"Viu também certa viúva pobre lançar ali duas pequenas moedas; e disse: Verdadeiramente, vos digo que esta viúva pobre deu mais do que todos. Porque todos estes deram como oferta daquilo que lhes sobrava; esta, porém, da sua pobreza deu tudo o que possuía, todo o seu sustento."

Antes de Deus olhar "o quê" vais ofertar, ele verá "como" vais entregar. Sua oferta será aceita por Deus, se você for aceito.

"Aconteceu que no fim de uns tempos trouxe Caim do fruto da terra uma oferta ao SENHOR. Abel, por sua vez, trouxe das primícias do seu rebanho e da gordura deste. Agradou-se o SENHOR de Abel e de sua oferta; ao passo que de Caim e de sua oferta não se agradou."

(Gênesis 4.3-5)

Observe que Caim traz "uma oferta" ao Senhor. "Uma" é artigo indefinido, qualquer coisa, nada específico.

Abel trouxe das primícias do seu rebanho e da gordura deste. Era uma oferta de sacrifício, especial, da primeira parte, o melhor, o cordeiro que profeticamente apontava para Jesus (com o Filho, não tem como não ser aceito pelo Pai).

Deus sonda os corações e conhece os pensamentos, sentimentos e intenções. Ele vê como contribuímos.

"Cada um contribua segundo propôs no seu coração; não com tristeza, ou por necessidade; porque Deus ama ao que dá com alegria."
(2 Coríntios 9.7)

Não negligencie o momento da oferta. Jesus o leva tão a sério que informa que para participar é necessário estar em paz com o teu irmão.

"Se, pois, ao trazeres ao altar a tua oferta, ali te lembrares de que teu irmão tem alguma coisa contra ti, deixa perante o altar a tua oferta, vai primeiro reconciliar-te com teu irmão; e, então, voltando, faze a tua oferta."
(Mateus 5.23-24)

Não coloque seu coração em ajuntar tesouros nesta Terra, pois você sairá dela nu, assim como chegou, ajunte tesouros no céu.

Jó tinha consciência disto:

"E disse: Nu saí do ventre de minha mãe e nu tornarei para lá; o Senhor o deu, e o Senhor o tomou: bendito seja o nome do Senhor."
(Jó 1.21)

Dê mais valor ao que você pode levar desta vida e não as coisas que você deixará por aí, assim que morrer.

"Não atentando nós nas coisas que se vêem, mas nas que se não vêem; porque as que se vêem são temporais, e as que se não vêem são eternas."
(2 Coríntios 4.18)

Não seja louco como o homem rico da parábola que Jesus contou, pois tudo aqui é passageiro, mas a Palavra do Senhor permanece para sempre.

"E propôs-lhe uma parábola, dizendo: A herdade de um homem rico tinha produzido com abundância; E arrazoava ele entre si, dizendo: Que farei? Não tenho onde recolher os meus frutos. E disse: Farei isto: Derrubarei os meus celeiros, e edificarei outros maiores, e ali recolherei todas as minhas novidades e os meus bens; E direi a minha alma: Alma, tens em depósito muitos bens para muitos anos; descansa, come, bebe e folga. Mas Deus lhe disse: Louco! esta noite te pedirão a tua alma; e o que tens preparado, para quem será? Assim é aquele que para si ajunta tesouros, e não é rico para com Deus."

(Lucas 12.16-21)

Sua confiança, esperança, deve estar sempre no Senhor e não no seu dinheiro.

"Na verdade, todo homem anda numa vã aparência; na verdade, em vão se inquietam; amontoam riquezas, e não sabem quem as levará. Agora, pois, Senhor, que espero eu? A minha esperança está em ti."

(Salmos 39.6-7)

Têm uma música cantada pelo Talles Roberto que diz assim: *"Confia no dinheiro que é um pedacinho de papel, mas não confia no Deus que desenhou o céu. Você tá louco, é?".*

"Uns confiam em carros e outros em cavalos, mas nós faremos menção do nome do Senhor nosso Deus. Uns encurvam-se e caem, mas nós nos levantamos e estamos de pé."

(Salmos 20.7-8)

Estejas certo e declare como o salmista Davi, em **(Salmos 23.1)**: *"O SENHOR é o meu pastor, nada me faltará.".*

NÃO QUEIRA SER RICO

Dinheiro honesto pode ser benção de Deus, mas o amor a ele é cilada.

Observe a advertência na Palavra de Deus:

"Mas os que querem ser ricos caem em tentação, e em laço, e em muitas concupiscências loucas e nocivas, que submergem os homens na perdição e ruína. Porque o amor ao dinheiro é a raiz de toda a espécie de males; e nessa cobiça alguns se desviaram da fé, e se traspassaram a si mesmos com muitas dores. Mas tu, ó homem de Deus, foge destas coisas, e segue a justiça, a piedade, a fé, o amor, a paciência, a mansidão. Milita a boa milícia da fé, toma posse da vida eterna, para a qual também foste chamado, tendo já feito boa confissão diante de muitas testemunhas."

(1 Timóteo 6.9-12)

Alguns se empenham tanto em ter mais e mais, eles dão tudo que têm em troca de mais dinheiro: a saúde, o sossego, a família.

Ganham tanto e nem tem tempo para gastar. Não seja como eles!

"Quem amar o dinheiro jamais dele se fartará; e quem amar a abundância nunca se fartará da renda; também isto é vaidade."
(Eclesiastes 5.10)

O rei Salomão, filho de Davi, teve em abundância, mas o que ele pediu a Deus não foram riquezas, mas sabedoria para governar o povo. Deus se agradou do seu pedido e deu ambas as coisas e muito mais.

Escute os conselhos do homem mais sábio que já existiu e também o mais rico da Bíblia:

"Não te fatigues para enriqueceres; e não apliques nisso a tua sabedoria. Porventura fixarás os teus olhos naquilo que não é nada? porque certamente criará asas e voará ao céu como a águia."
(Provérbios 23.4-5)

Durma sossegado, em paz:

"Doce é o sono do trabalhador, quer coma pouco quer muito; mas a fartura do rico não o deixa dormir."
(Eclesiastes 5.12)

É bom ter dinheiro ao seu serviço, mas não é nada bom viver a serviço dele e por ele; não deixe ser dominado. Sirva ao Senhor porque tudo é dele, por ele e para ele.

"Ninguém pode servir a dois senhores; porque ou há de odiar a um e amar o outro, ou há de dedicar-se a um e desprezar o outro. Não podeis servir a Deus e às riquezas."
(Mateus 6.24)

Seja rico de verdade!

"Bem-aventurado o homem que acha sabedoria, e o homem que adquire conhecimento; Porque é melhor a sua mercadoria do que artigos de prata, e maior o seu lucro que o ouro mais fino. Mais preciosa é do que os rubis, e tudo o que mais possas desejar não se pode comparar a ela. Vida longa de dias está na sua mão direita; e na esquerda, riquezas e honra. Os seus caminhos são caminhos de delícias, e todas as suas veredas de paz."
(Provérbios 3.13-17)

A verdadeira riqueza, a que é de fato proveitosa, é a sabedoria.

Repare no que ela te oferece segundo a Bíblia:

"Riquezas e honra estão comigo; assim como os bens duráveis e a justiça. Melhor é o meu fruto do que o ouro, do que o ouro refinado, e os meus ganhos mais do que a prata escolhida. Faço andar pelo caminho da justiça, no meio das veredas do juízo. Para que faça herdar bens

*permanentes aos que me amam, e eu encha os seus
tesouros.”*

(Provérbios 8.18-21)

Ficou interessado em adquiri-la? Ela te faz herdar bens permanentes e não passageiros.

Quer ser sábio? Comece a ter sabedoria temendo ao Senhor, respeite-o e reverencie-o como Deus que só ele é.

*“O temor do Senhor é o princípio da sabedoria, e o
conhecimento do Santo a prudência.”*
(Provérbios 9.10)

Peça a Deus tendo a certeza que a receberás.

*“E, se algum de vós tem falta de sabedoria, peça-a a Deus,
que a todos dá liberalmente, e o não lança em rosto, e ser-
lhe-á dada. Peça-a, porém, com fé, em nada duvidando;
porque o que duvida é semelhante à onda do mar, que é
levada pelo vento, e lançada de uma para outra parte.
Não pense tal homem que receberá do Senhor alguma
coisa.”*

(Tiago 1.5-7)

A sabedoria que vem do alto é diferente das demais.

"Quem dentre vós é sábio e entendido? Mostre pelo seu bom trato as suas obras em mansidão de sabedoria. Mas, se tendes amarga inveja, e sentimento faccioso em vosso coração, não vos glorieis, nem mintais contra a verdade. Essa não é a sabedoria que vem do alto, mas é terrena, animal e diabólica. Porque onde há inveja e espírito faccioso aí há perturbação e toda a obra perversa. Mas a sabedoria que do alto vem é, primeiramente pura, depois pacífica, moderada, tratável, cheia de misericórdia e de bons frutos, sem parcialidade, e sem hipocrisia."

(Tiago 3.13-17)

PLANEJE JUNTO COM O SEU CÔNJUGE

Segundo estudo feito pelo advogado Luiz Kignel e divulgado inclusive na Infomoney: A quarta maior causa dos divórcios, tanto no ponto de vista masculino, quanto no feminino, se dá por conta da falta de dinheiro, ou seja, problemas financeiros entre os casais.

A Palavra de Deus é clara:

"Porventura andarão dois juntos, se não estiverem de acordo?"
(Amós 3.3)

O versículo acima vale para todas áreas de nossas vidas, inclusive para a financeira, e como vale!

O casal precisa andar unido, de acordo, elaborar em conjunto um planejamento financeiro.

Faça uma planilha junto com seu cônjuge, um contrato, um acordo se necessário, onde ambos estejam cientes das receitas e despesas da casa, comprometidos com o orçamento da família e com as metas planejadas.

"Pois qual de vós, querendo edificar uma torre, não se assenta primeiro a fazer as contas dos gastos, para ver se tem com que a acabar?"

(Lucas 14.28)

Eu vivia fazendo minhas lindas planilhas de controle orçamentário doméstico, mas meu marido não dava muita atenção e eu apesar de planejar bem, era tão infiel na execução quanto ele.

O resultado é que eu tinha boas planilhas, todavia só serviam para anotar passivamente nossos gastos e para no final do mês ficar me lamentando das faturas de cartão de crédito, vilão do nosso orçamento.

As contas de sempre, conhecidas, fixas ou ao menos previsíveis não são o problema; porém ficar passando qualquer coisa, sem um teto, limite de gasto para tal despesa, sem controle no cartão de crédito, pode gerar uma surpresa nada agradável quando a fatura fechar, levar quase todo teu salário, ou pior, te deixar devendo.

Eu precisava de mais! Não queria algo equivalente a um simples bloco de notas enfeitado. Necessitava de um plano de ação, para que o dinheiro que eu tinha pensado em investir não fosse todo para o pagamento do cartão de crédito e algumas vezes ainda ficasse faltando.

Foi aí que chegou meu esposo com o "Plano da Caixinha". Foi um sucesso! Começamos a ver as coisas melhorarem com a implantação dele, assinamos até um contrato nos comprometendo a cumpri-lo, chegamos a descumprir por um tempo, as coisas pioraram e depois o retomamos.

O cartão de crédito continuou permitido, liberado, mas com atenção para os tetos de cada tipo de despesa: alimentação, moradia, saúde, transporte, educação, lazer, beleza e cuidados pessoais, animais de estimação, eventos. Estes gastos que precisamos ter, mas que não são o "gastar no que quiser".

Não pagamos no cartão de crédito todos estes tipos de despesas que citei aqui em casa, só quis mesmo listá-las para porventura ajudar a mapear seu orçamento também.

Acredito que o mais importante não é ficar simplesmente anotando despesas e receitas, mas sim analisar se o "previsto" está de acordo com o "realizado" e se a divergência for significativa avaliar para ajustar, implementar alguma estratégia e parar de cometer os mesmos erros.

Por exemplo: Avaliamos que gastaríamos R$400 em transporte, mas gastamos R$200 em determinado mês. (Motivo: Em vez de ficar só chamando táxi ou Uber, andamos de "buzão" mesmo!) Por outro lado, prevemos que gastaríamos R$500 em alimentação, mas acabamos por gastar R$800 em determinado mês (Motivo: Excedemos nos pedidos de lanches em aplicativos).

Será que podemos continuar andando de "buzão" e economizarmos também no mês seguinte? O que sobrou, sobrou mesmo? Não! Afinal teremos que cobrir a despesa de alimentação que estouramos e ainda vai ficar faltando R$100.

Caso não tenhamos sobra em outra despesa, ou uma reserva formada, ficaríamos em dívida, ou teríamos que conseguir uma renda extra (o que é bem interessante, não só para casos de endividamento, mas para aumentar seus recursos e investir nos seus objetivos; você pode usar algum talento que tenha e beneficie outras pessoas para geração de renda ou esporadicamente vender coisas que você não use mais e que pode ser útil para outros).

Voltando ao cartão de crédito, podemos usá-lo sim, contanto que seja de forma planejada e até juntar pontos para trocar por descontos nas faturas, milhas, cashback, produtos ou serviços.

O problema é quando pensamos que cartão de crédito é mágico, que compra, mesmo quando não se tem dinheiro para pagar. Esqueça este conto de fadas, é ilusão.

No final você acorda, a fatura chega e você tem que pagar e o sonho para muitos vira pesadelo. Nunca pague o mínimo da fatura, vai virar uma bola de neve e te acertar em cheio.

Tenham objetivos em comum, sonhem e projetem juntos.

Se possível, junte sua renda com a do seu cônjuge. Vocês juntaram seus corpos, seus hábitos, suas manias, por que não o dinheiro? Ele não é o mais importante.

Faça um plano em família, de comum acordo, um plano simples, possível, mas que exija disciplina e esforço e que vocês estejam empenhados em cumpri-lo, de fato, comprometidos.

Segundo Cerbasi em uma de suas palestras que tive o privilégio de assistir na empresa a qual trabalho: *"Enriquecer é como emagrecer. É fácil emagrecer? Não! Mais todo mundo sabe como: Basta ingerir menos calorias do que se gasta no dia e praticar exercícios. E para enriquecer também é simples: Basta gastar menos do que se ganha e investir."*.

Não te digo para enriquecer, mas te aconselho a que cooperes para fazer sobrar.

Que não te falte nada, que você seja próspero!

Não te digo também que precisas ser magro, mas empenhe-te em cuidar da sua saúde, a ser saudável.

Este ano estou com o objetivo de emagrecer. A meta é voltar ao peso que tinha antes da minha primeira gravidez.

Há dias que não tenho vontade de ir à academia, mas eu vou assim mesmo, pois estou comprometida com meu plano.

Depois do suor advindo do esforço nos exercícios praticados, tomo um banho relaxante e respiro satisfeita com minha missão cumprida para aquele dia.

O planejamento financeiro também é assim. Você planeja a médio ou longo prazo, mas para que seu objetivo seja alcançado é necessário deixar um pouco de suor, um pouco de esforço cada dia, dar um passo por vez, ouvir mais a razão que a emoção.

Manter o foco para se conseguir emagrecer e levar uma vida saudável não é fácil, ainda mais quando se estava acostumado a viver desregradamente.

Todos os dias, o chocolate, os doces em geral, as frituras, as massas gostosas, os biscoitos recheados tentam me seduzir, mas Deus me deu o livre arbítrio, só como tais guloseimas se eu quiser, tenho poder de rejeitá-las.

É necessário persistência para se cumprir o orçado para as finanças também. Sempre vão aparecer tentações fora de hora para nos tirar do propósito, coisas que não precisamos de fato, mas que teremos momentaneamente aquela vontade de comprar. Todavia, lembremo-nos de que é possível dominar este impulso. Deus nos deu poder de decisão!

Declare: Só cedo, se eu quiser, posso resistir!

Observo que alguns dos meus companheiros e companheiras de malhação precisam ter a meta de perda de peso mais arrojada que a minha. Muitos devem ter passado boa parte da vida comendo tudo que tivessem vontade e sem limites e agora precisam correr atrás do prejuízo.

Alguns começam a se exercitar já na terceira idade, depois de ter sofrido algum problema de saúde por conta da má alimentação e do sedentarismo. Outros, por sua vez, atentam para isso desde cedo e conseguem viver ainda jovens, um estilo de vida saudável, previnem-se de diversas doenças.

Quanto mais cedo, pensar no futuro, você se dispor, terás o tempo a teu favor.

Quanto mais se puder esperar, menos dinheiro você precisará depositar.

Porém, quando se olha para isto depois de muito já se ter vivido, é preciso investir mais para recuperar o tempo perdido.

De qualquer forma, sem olhar para a sua idade, para o tempo que você perdeu, comece hoje um planejamento seu.

Ih, rimou!

Hoje é o seu tempo, não deixe para amanhã.

Vejo pessoas também que já estão no peso adequado, mas continuam vigiando a alimentação e exercitando-se para mantê-lo. Adquiriram estabilidade, mas sabem que precisam estar atentos para continuarem no patamar conquistado.

Nas finanças ocorre da mesma forma. Assim como em um casamento, o segredo não é só conquistar e sim saber manter, continuar, consertar, melhorar, progredir.

Alguns podem herdar riquezas que os pais levaram toda uma vida para construir, mas se viverem descontroladamente, sem sabedoria, podem perder tudo da noite para o dia.

"Aquele, pois, que pensa estar em pé veja que não caia."
(1 Coríntios 10.12)

A seguir, você verá o modelo do acordo que escrevi para mim e meu esposo.

Faça as adaptações necessárias e tenha um com seu cônjuge também.

Caso necessário, plastifique-o e pendure-o em um lugar que vocês sempre olhem e se lembrem dele.

Caso sejam rígidos nas regras, podem até criar "multas" para no caso de deixarem de cumpri-lo.

Por exemplo: Diminuir a "Caixinha para gastos pessoais" no mês seguinte.

E se forem bonzinhos podem criar prêmios mensais se cumprirem o planejado direitinho.

Por exemplo: Um jantar fora para comemorar.

ACORDO CASAL

Eu, *nome do esposo* e minha esposa *nome da esposa* comprometemo-nos a não utilizar cartão de débito e a utilizar cartão de crédito somente com as despesas de alimentação, moradia, saúde, transporte, educação, beleza e cuidados pessoais, lazer, animais de estimação e eventos, fazendo o possível para não fugir aos limites previstos que são respectivamente R$ *valor orçado para alimentação*, R$ *valor orçado para moradia*, R$ *valor orçado para saúde*, R$ *valor orçado para transporte*, R$ *valor orçado para educação*, R$ *valor orçado para beleza e cuidados pessoais*, **R$** *valor orçado para lazer*, R$ *valor orçado para animais de estimação* **e** *R$ valor orçado para eventos.*
Gastos fora do previsto deverão ser de comum acordo.
Seguiremos as regras acima a fim de cumprir com o objetivo de reduzir os gastos supérfluos, precipitados, desperdiçadores ou negligentes no cartão de crédito e para direcionar tais recursos para investimentos.

Rio de Janeiro, dia de mês de ano.

--------------------------   --------------------------

Assinatura do esposo   Assinatura da esposa

LIVRE-SE DAS DÍVIDAS E DOS FAZEDORES DE DÍVIDAS

Calma, não é você se livrar da mulher ou do marido!

"A ninguém devais coisa alguma, a não ser o amor com que vos ameis uns aos outros; porque quem ama aos outros cumpriu a lei."
(Romanos 13.8)

Eu estou fugindo.... Eles querem me pegar.... São atraentes, sedutores, persuasivos, mas não vão me enganar....

Cheque especial, cartão de crédito não vão me endividar! Não vou me perder nas promoções imperdíveis! Vou agir como Jó, fugir da aparência do mal....

Você devia fazer o mesmo! Fuja também! O prazer que eles te proporcionam duram apenas um instante e depois podem te deixar preocupado e cabisbaixo o ano todo, ainda mais quando se parcela em muitas vezes.

Compre apenas o que possas pagar e de preferência à vista ou em curto prazo, pois não sabes o dia de amanhã.

Fuja de dívidas com agiotas, financeiras, cheque especial, cartões de crédito e empréstimos em geral!

Cuidado com o cartão de crédito! Ele não é o devorador, mas parece que fez um curso com ele. Se você deixar, ele faz um estrago; passas a trabalhar para pagar cartão, vira escravo dele.

A pesquisa realizada pela Confederação Nacional do Comércio de Bens, Serviços e Turismo (CNC), aponta que 61,1% das famílias brasileiras estão endividadas, sendo 76,1% com cartão de crédito.

Ele geralmente é o vilão, não há novidade, conforme dados colhidos nos anos anteriores.

A pesquisa do Serviço de Proteção ao Crédito (SPC Brasil) vem ao encontro das informações acima, pois segundo ela o cartão de crédito também é líder no ranking dos que levam os brasileiros a ficarem com o nome sujo.

Esteja atento para não entrar para esta estatística alarmante de seis a cada dez brasileiros com o nome sujo e se já estás, empenhe-se em passar para o lado dos de nome limpo.

Seja sábio e escute o conselho do sábio:

"Vale mais ter um bom nome do que muitas riquezas; e o ser estimado é melhor do que a riqueza e o ouro."

(Provérbios 22.1)

A mesma atenção você deve ter com o Cheque especial. Ele está na sua conta disponível para você usar, mas não te pertence, não faz parte do teu salário e se você usar pode pagar muito caro por isso.

Você é fiel a Deus, ele abençoa, mas que adianta ele abrir a torneira se você não tem fundo, ou está rachado, furado, vazando? Tampe os furos, as brechas!

Não é o devorador não!

É que você gasta mais do que ganha!

Não fique inventando desculpas e dizendo "ah, não dá….".

Reveja as despesas, veja onde dá para cortar!

Tem gente que quando sabe que o salário vai aumentar, ainda nem aumentou, ou que vai receber algum extra, já contrai mais dívidas, mais despesas, sobe logo o padrão de vida, não pensa nunca em reservar alguma coisa.

O "porquinho" passa fome, nem uma moedinha para ele!

Não é o devorador não, é o gastador ou o desperdiçador!

Cuidado com cartão de crédito!

Está difícil controlar? Entregue seu cartão para alguém de confiança e chato, por exemplo, o teu marido. Peça para ele escondê-lo até que você consiga retomar o poder, que você aprenda que não depende do cartão, que não precisa dele, que consegue viver sem ele. Confesso que já ouvi este conselho e o pratiquei, mas o esconderijo não foi tão bom.

Todavia, se já sabes que vai ter uma recaída.... Corte o mal pela raiz! Em vez de esconder, quebre-o! Não sabe usar? Quebre-o! É problema? Resolva! Livre-se! Confesso que já pensei em fazer isso.... Graças a Deus consegui dominá-lo, mas gosto de usar apenas um, no máximo dois (com diferentes datas de vencimento), porém um, pode ser suficiente e sozinho pode te colocar numa baita encrenca financeira, fazer um estrago.

Não importa se é bonito, atraente e que o limite é alto. Liberte-se, como o pássaro do laço do passarinheiro, se necessário!

Sabe aquela instrução de Paulo *"olha, é bom casar, mas é melhor ficar solteiro"*? Com cartão de crédito é parecido *"olha, é bom ter, mas é melhor não ter"*.

O apóstolo ainda fala *"mas se não pode conter-se, case-se"*. Com cartão de crédito é ao contrário *"mas se não pode conter-se, separe-se"*.

Tão bonitinha aquela propaganda, mas eu a mudaria um pouquinho, diria assim: *"Há coisas que o dinheiro não compra, para todas as outras: CUIDADO COM OS CREDIT CARDS*".

Não é o devorador! É você! Deus repreende o devorador na vida dos dizimistas e ofertantes.... Já você, tem o livre arbítrio!

PAGUE A QUEM DE DIREITO

Pague a quem você deve!

Você não gosta de ter o seu salário roubado ou atrasado.

"Não oprimirás o teu próximo, nem o roubarás; a paga do diarista não ficará contigo até pela manhã."
(Levítico 19.13)

Tem gente que deve a mulher....

Marido que tem a esposa que não trabalha fora....

Sabia que o trabalho de casa é muito mais puxado? Nunca acaba!

Você tem uma faxineira, babá, passadeira, lavadeira, cozinheira, enfermeira e só deixa com ela o dinheiro para o mercado?

Achas justo isso?

Caso tivesses que pagar por todos esses serviços, talvez nem tendo dois empregos.

Faça as contas direitinho com a ajuda de Deus e da tua esposa. Separe um dinheiro não só para o mercado, mas algum para que ela possa gastar no que quiser.

"Porque diz a Escritura: Não ligarás a boca ao boi que debulha. E: Digno é o obreiro do seu salário."
(1 Timóteo 5.18)

Não fiques devendo conta de energia, água, telefone, impostos, nada!

Não tenha "gatos". Só os criados por Deus, animais de estimação, são permitidos. Os demais, certamente, ele desaprova.

Um dos dez mandamentos descritos em Êxodo 20 é: *"Não roubarás"*.

Jesus quando foi questionado se devia pagar tributo ao imperador, respondeu assim:

"Disse-lhes então: Dai, pois, a César o que é de César, e a Deus o que é de Deus."
(Lucas 20.25)

NÃO FIQUES POR FIADOR

Ficar por fiador? Eu estou foooora!

Repita comigo como o Many (mamute) do filme A Era do Gelo: *"Eu estou fooooora!"*.

A Bíblia é enfática em te dizer para ficares longe disto:

> *"Não estejas entre os que se comprometem, e entre os que ficam por fiadores de dívidas,"*
> **(Provérbios 22.26)**

> *"Decerto sofrerá severamente aquele que fica por fiador do estranho, mas o que evita a fiança estará seguro".*
> **(Provérbios 11.15)**

Aprenda a dizer "não", ajude sim ao próximo, mas não traga problema dos outros para você e sua família.

Não sejas tão ingênuo ficando por fiador de alguém, ainda que te supliquem por conta da necessidade de alugar um imóvel.

Alguns se enveredam por este caminho, tentando ajudar outrem, mas não se dão conta do risco que correm de perder o bem que muitas vezes suaram para conseguir e que deixaram por garantia do pagamento da dívida, podendo ser até a própria casa onde moram.

"Ficando alguém por fiador de um estranho, tome-se-lhe a roupa; e por penhor àquele que se obriga pela mulher estranha."
(Provérbios 20.16)

Preste atenção: Caso seu parente, amigo ou colega que te pediu tal favor, não pagar a dívida, deixar por qualquer motivo de honrá-la, você está mesmo disposto a pagar por ele?

Esteja ciente, ser fiador é isso: Comprometer-se a pagar pelo outro, caso ele não o faça.

Quer mesmo andar preocupado, perder o sono, metendo-se nesta situação?

É melhor ajudar, emprestando uma parte do dinheiro em outra forma de garantia (caso possas e seja necessário), do que assumir tal compromisso, esse fardo pesado, melhor dizendo.

Há outras formas que não precisam ser tão angustiantes.

Veja outras opções de garantia para aluguel de imóvel:

- Caução – Não pode exceder o valor de três meses de aluguel, segundo a Lei do Inquilinato e o dinheiro é devolvido corrigido com os juros de Poupança caso os pagamentos estejam o.k. e o imóvel no estado acordado.

- Capitalização – A SulAmérica Seguros foi pioneira com este tipo de garantia de aluguel que é vantajoso tanto para o locatário quanto para o locador. O locatário além de poder contar com serviços para casa como chaveiro e vidraceiro e participar de sorteios, ainda terá seu dinheiro devolvido, corrigido pela TR ao final, caso não tenha inadimplência é claro, senão o valor é utilizado para pagar as dívidas e/ou prejuízos causados ao locador. Uma grande vantagem também é que não é imposto um valor fixo de garantia, a negociação se dá entre as partes livremente junto à imobiliária.

- Seguro fiança – Oneroso para o inquilino já que este não pode reaver o dinheiro, o único beneficiário é o proprietário do imóvel.

Não sejas imprudente e não aja com falta de entendimento, como advertido em Provérbios 17.18: *"O homem falto de entendimento compromete-se, ficando por fiador na presença do seu amigo."*

Caso já tenhas entrado neste caminho tortuoso, escute o conselho de Provérbios 6.1-5 e empenhe-te por te livrar disto ainda hoje: *"Filho meu, se ficaste por fiador do teu companheiro, se deste a tua mão ao estranho, E te deixaste enredar pelas próprias palavras; e te prendeste nas palavras da tua boca; Faze pois isto agora, filho meu, e livra-te, já que caíste nas mãos do teu companheiro: vai, humilha-te, e importuna o teu companheiro. Não dês sono aos teus olhos, nem deixes adormecer as tuas pálpebras. Livra-te, como a gazela da mão do caçador, e como a ave da mão do passarinheiro."*

QUANDO SE CHEGA AO FUNDO DO POÇO

Se hoje você se encontra afundado num lamaçal de dívidas, no fundo do poço, não consegues mais sair sozinho, saiba que há saída para você.

O fundo do poço é lugar de decisão.

Você escolhe morrer nele ou clamar por ajuda do alto. Deus estende a mão disposto a te ajudar a sair dele:

"Tirou-me de um poço de perdição, de um tremedal de lama; colocou-me os pés sobre uma rocha e me firmou os passos."
(Salmos 40.2)

Saindo do fundo do poço, mude de atitude, passe a ser prudente, a não andar "distraído" por aí contraindo dívidas, a fim de que não caias no "poço" novamente, no mesmo buraco, caso o motivo tenha sido este.

"O prudente vê o mal e esconde-se; mas os simples passam adiante e sofrem a pena."
(Provérbios 27.12)

Jesus te perdoa e te ajuda a sair da situação mais embaraçadora que você tenha se metido, mas ele te adverte a se arrepender de fato, a mudar de vida.

"E disse-lhe Jesus: Nem eu também te condeno; vai-te, e não pequit mais."
(João 8.11)

"Depois Jesus encontrou-o no templo, e disse-lhe: Eis que já estás são; não pequit mais, para que não te suceda alguma coisa pior."
(João 5.14)

Deixe Deus te ensinar, te instruir, te guiar em todas as áreas da sua vida, sem exceção da financeira.

"Instruir-te-ei, e ensinar-te-ei o caminho que deves seguir; guiar-te-ei com os meus olhos."
(Salmos 32.8)

A solução para quem não consegue sair da dívida em que se meteu é pedir ajuda.

Peça a Deus para te dar primeiramente sabedoria, bom senso, domínio próprio e estratégias do alto.

Consiga recursos, gere uma renda extra!

Veja se há algo que possas produzir ou revender para ajudar pagar suas dívidas, empenhe-se em livrar-se delas.

Você pode também anunciar móveis e coisas que não usa mais ou decidiu firmemente abrir mão em sites, como por exemplo: www.olx.com.br.

Não pague juros abusivos, se a empresa se recusar a lhe atender direito para negociar, abra uma reclamação no site Reclame Aqui www.reclameaqui.com.br, se preciso apele para o Procon, fique atento as feiras "limpa nome", baixe o aplicativo "Serasa Limpa Nome" que poderá te ajudar na negociação, tente fechar um acordo mais justo.

Caso seja realmente necessário, pegue um empréstimo com taxa de juros menor para pagar o de juros maior e o honre.

Entre os menos agressivos estão:

- Empréstimo familiar (se possível).
  Sem juros, de pai para filho, de irmão para irmão.

- Empréstimo consignado.
  Caso trabalhes de carteira assinada (o valor da parcela é descontado diretamente no seu pagamento,

contracheque) ou sejas aposentado (as parcelas são descontadas do benefício do INSS).

A regra é clara: Quem corre maior risco, cobra mais juros, quando o risco de inadimplência é menor consegue-se reduzi-los, como é no caso acima.

EVITE GASTOS DESNECESSÁRIOS

É preciso saber discernir entre o "eu preciso" e o "eu quero" e avaliar se "eu posso agora" ou "vou me endividar"?

Eu preciso mesmo daquele perfume importado fora de hora? Ou preciso me alimentar e me vestir simplesmente? O perfume pode esperar?

"Por que gastais o dinheiro naquilo que não é pão? E o produto do vosso trabalho naquilo que não pode satisfazer? Ouvi-me atentamente, e comei o que é bom, e a vossa alma se deleite com a gordura."

(Isaías 55.2)

Cuidado para não se perder nas promoções imperdíveis!

Quantos pés você têm? Você é mulher centopeia? Tantos sapatos para dois pés...

Quantos braços você têm? Você é mulher polvo? Para que tantas bolsas?

Precisa mesmo? Agora? Esta quantidade? Pesquisou? Preço ou Qualidade? Melhor custo-benefício?

Troque presentões que não estão de acordo com seu salário, por lembrancinhas, se for o caso.

Observe a utilidade do que for comprar e se o valor se encaixa no seu bolso; para que presentes inúteis com preços surreais?!

Natal, fim de ano? Promova amigo-oculto entre os familiares, amigos, irmãos da igreja; presenteie uma pessoa em vez de tantas, para não comprometer seu orçamento.

Dica dos quatro "Ps" para você se perguntar antes de qualquer compra: **Preciso, Posso, Prioridade, Pesquisei?**

Que tal renovar seu guarda-roupas de forma diferente este ano? Em vez de ir ao Shopping comprar pouco, pagar muito e se endividar, por que não ir aos bazares e brechós conhecidos e aos que as igrejas costumam realizar? Neles é possível encontrar peças novas e seminovas, boas, de marcas até e a preço de banana.

Uma dica é preparar-se para estes gastos de final de ano, com o desafio das "52 semanas". Na primeira semana invista R$1,00, na segunda R$2,00 e assim sucessivamente até a quinquagésima segunda, R$52,00. Assim acumularás R$1378,00, fora os juros, se não tiveres apenas guardado(poupado) e sim investido.

Jesus não gostava de desperdícios.

Veja o exemplo que ele deu no versículo abaixo colhido de um dos episódios de multiplicação de pães que realizou. Mesmo sendo Deus e podendo multiplicar todas as vezes que quisesse não desperdiçou o que sobrou.

"E, quando estavam saciados, disse aos seus discípulos: Recolhei os pedaços que sobejaram, para que nada se perca."
(João 6.12)

Aprenda com o mestre e não desperdice nada: dinheiro, coisas e principalmente tempo e sua vida.

NÃO SEJA ANSIOSO E NÃO INVERTA AS PRIORIDADES

Não fiques demasiadamente preocupado com o amanhã, deixando de viver o hoje.

Confie em Deus! Ele foi fiel ontem, é hoje, será amanhã e para sempre!

Jesus ensina:

"Não andeis, pois, inquietos, dizendo: Que comeremos, ou que beberemos, ou com que nos vestiremos? Porque todas estas coisas os gentios procuram. Decerto vosso Pai celestial bem sabe que necessitais de todas estas coisas; Mas, buscai primeiro o reino de Deus, e a sua justiça, e todas estas coisas vos serão acrescentadas. Não vos inquieteis, pois, pelo dia de amanhã, porque o dia de amanhã cuidará de si mesmo. Basta a cada dia o seu mal."

(Mateus 6.31-34)

Saiba a ordem das coisas e importe-se na ordem delas e há coisas, que na verdade, nem importam.

"E respondendo Jesus, disse-lhe: Marta, Marta, estás ansiosa e afadigada com muitas coisas, mas uma só é necessária;"

(Lucas 10.41)

Coloque cada qual no seu devido lugar:

1. Deus;
2. Família;
3. Trabalho.

Saiba que Deus só pode ocupar um lugar: O primeiro.

"Eu sou o Senhor; este é o meu nome; a minha glória, pois, a outrem não darei, nem o meu louvor às imagens de escultura."

(Isaías 42.8)

NÃO SEJA PREGUIÇOSO

A Bíblia te diz para não ser ansioso, mas também te exorta a não ser preguiçoso, a aprender com a formiga que em tempo oportuno ajunta o seu sustento.

"Vai ter com a formiga, ó preguiçoso; olha para os seus caminhos, e sê sábio. Pois ela, não tendo chefe, nem guarda, nem dominador, Prepara no verão o seu pão; na sega ajunta o seu mantimento. Ó preguiçoso, até quando ficarás deitado? Quando te levantarás do teu sono? Um pouco a dormir, um pouco a tosquenejar; um pouco a repousar de braços cruzados; Assim sobrevirá a tua pobreza como o meliante, e a tua necessidade como um homem armado."

(Provérbios 6.6-11)

"Porque, quando ainda estávamos convosco, vos mandamos isto, que, se alguém não quiser trabalhar, não coma também."

(2 Tessalonicenses 3.10)

Alguns reclamam do desemprego. Realmente não há emprego para todos, mas há trabalho para quem quer.

Há oportunidade de ganhar dinheiro, sim. Diversas pessoas trabalham por conta própria, vendem coisas, fazem faxinas, lanches, enfeites, catam latinhas na rua, alumínio, cobre.

Meu pai além de ser vendedor de alhos, vende coisas no ferro velho também e minha mãe o ajuda, mesmo já sendo aposentada; ambos para mim são exemplos de pessoas prósperas financeiramente.

Não há desculpa para quem quer trabalhar mesmo.

Existia um senhor que costumava passar na minha rua, já idoso, andava descalço, com problemas de coluna, vivia carregando um carro gigante cheio de papelão sem pedir nada a ninguém; ao mesmo tempo em que me compadecia, também sentia orgulho dele.

Já vi um homem na cadeira de rodas vendendo balas, mas também já vi jovens saudáveis esmolando por aí.

Admiro aqueles homens que surgem em meio à chuva, vendendo guarda-chuvas em lugares de grande movimento. Eles aparecem do além? Verdadeiros empresários estrategistas que não perdem a oportunidade de trabalhar, prover o sustento da família.

Uma vez ouvi e quero compartilhar: *"Deus não move uma palha para aquilo que você pode fazer, mas move o Céu e a Terra para aquilo que você não pode."*

OBSERVE A LEI DA SEMEADURA

A lei da semeadura vale para a agricultura, para o investimento no Reino de Deus e também para o que você investe em si mesmo e na sua família.

Não fique esperando o tempo ideal, comece já a semear.

Muitos sonham, mas poucos estão dispostos a trabalhar, a investir para realizar os sonhos, transformá-los em projetos, vivem sempre adiando, esperando o tempo favorável….

"Quem observa o vento, nunca semeará, e o que olha para as nuvens nunca segará."
(Eclesiastes 11.4)

Investir é como plantar; quanto mais se planta, mais se vai colher, quanto mais se investe, mais se vai ganhar (é lei, é fato, se aplica a todas as áreas de nossa vida, porém há exceções, como quando se planta de maneira errada ou em terra infértil).

(2 Coríntios 9.6)

Há outro fator mais importante que a quantidade é a qualidade.

Você deve primeiramente conhecer a si mesmo, saber o seu perfil, se és conservador, moderado ou arrojado e depois conhecer os investimentos que se encaixam nele, de acordo com seus objetivos.

Há opções para todos! Investimentos conservadores, de renda fixa, como Tesouro Direto, CDB, LCI, LCA e também para quem prefere correr alguns riscos, podendo obter melhores rendimentos ou perder dinheiro, como no mercado de ações, por exemplo.

Esteja sempre semeando e não coloque todas as suas sementes na mesma terra, ou seja, num mesmo investimento ou como dizem *"Nunca coloque todos os ovos na mesma cesta"*.

Jesus contou a parábola do semeador no Livro de Marcos, capítulo 4; sabemos que a semente é a Palavra e os diferentes solos, são os tipos de corações humanos que ela encontra a fim de ser plantada.

"Ouvi: Eis que saiu o semeador a semear."
(Marcos 4.3)

Quando falamos de investimentos, podemos traçar um paralelo.

"E, ao semear, uma parte caiu à beira do caminho, e vieram as aves e a comeram."
(Marcos 4.4)

Ao lançar tuas sementes (investir), tome cuidado com os comedores de rendimentos!

Assim como as aves podem comer as sementes e comprometer a semeadura, assim também nos investimentos, você deve ficar de olho nos "comedores de rendimentos", como por exemplo: taxa de administração, o imposto de renda que será descontado e a inflação; para que saibas qual será de fato a sua produção, o que ficará dos juros que você ganhar, os juros líquidos.

"Outra caiu em solo rochoso, onde a terra era pouca, e logo nasceu, visto não ser profunda a terra. Saindo, porém, o sol, a queimou; e, porque não tinha raiz, secou-se.
(Marcos 4.5-6)

A maioria das pessoas tem pressa, querem solução rápida, dinheiro imediato, não gostam de esperar para colherem frutos bons e maduros.

Comparo os que gostam de lançar boa parte de suas sementes em "solo rochoso", onde a "terra é pouca" e em pouco tempo se vê resultado (logo nasce, por não ser profunda a terra), aos especuladores e não investidores de fato.

Não digo que seja para não lançar nada, mas aconselho, se for o caso, lançar apenas uma pequena parte, com cautela, pois quando não se tem "raiz", basta vir o sol (qualquer notícia que venha à luz, ao conhecimento) para que ela se queime e seque rapidamente.

Tomo como exemplo algumas criptomoedas, Bitcoin e etc, você pode ver da noite para o dia, sua semente brotar, mas também do dia para a noite, queimar. Você conhece a profundidade da terra? Então não arrisque tanto!

Evite o efeito "manada", pois quando todo mundo está comprando, o preço sobe, quando todo mundo está vendendo, o preço cai.

Cuidado em querer seguir a maioria, prefira ser como Josué e Calebe, que foram bem-sucedidos.... Apenas eles dois, de toda aquela geração, alcançaram a Terra

Prometida, pois perseveraram no que acreditavam e principalmente em quem acreditavam!

"Outra parte caiu entre os espinhos; e os espinhos cresceram e a sufocaram, e não deu fruto."
(Marcos 4.7)

Os "espinhos" sufocam, apertam, são limitadores de crescimento, comparo os tais, aos maus investimentos, limitam seus ganhos, por vezes te faz até perder suas sementes, rendendo menos que a inflação. Quer um exemplo? A Caderneta de Poupança! Você merece terras melhores!

"Outra, enfim, caiu em boa terra e deu fruto, que vingou e cresceu, produzindo a trinta, a sessenta e a cem por um."
(Marcos 4.8)

Quando se planta em terra fértil, a colheita é produtiva, mas quando a terra é ruim, além do risco de nada produzir, você ainda pode perder as sementes que lançou.

O fator tempo é determinante. Quando não se espera a hora para colher, os frutos estarão verdes e amargos, mas quando estão prontos, maduros, é bem melhor.

Assim também nos investimentos, o ideal é que se espere o tempo determinado ou acordado para que você alcance melhores ganhos e chegue aonde planejou.

Eclesiastes 3.2, nos diz que há tempo para todas as coisas, espere o tempo certo para colher seus investimentos: *"....tempo de plantar, e tempo de arrancar o que se plantou;"*. Não desanime, não pare, não retroceda, persevere! Gálatas 6.9 diz: *"E não nos cansemos de fazer o bem, porque no tempo certo faremos a colheita, se não desanimarmos."*. A colheita é maior que a semeadura, alguns colhem a 30, a 60 ou a 100 por 1!

E Jesus encerra a parábola do semeador em Marcos 4.9: *"E acrescentou: Quem tem ouvidos para ouvir, ouça."*.

GUARDE UMA PROVISÃO (RESERVA DE EMERGÊNCIA)

Siga o exemplo de José no Egito, não desperdice o que sobeja em tempo de fartura (período das vacas gordas), recolha uma boa provisão.

Caso passes um tempo de escassez, crise (período das vacas magras), um tempo desempregado, por exemplo, poderás pegar emprestado contigo mesmo!

"Portanto, Faraó previna-se agora de um homem entendido e sábio, e o ponha sobre a terra do Egito. Faça isso Faraó e ponha governadores sobre a terra, e tome a quinta parte da terra do Egito nos sete anos de fartura, E ajuntem toda a comida destes bons anos, que vêm, e amontoem o trigo debaixo da mão de Faraó, para mantimento nas cidades, e o guardem. Assim será o mantimento para provimento da terra, para os sete anos de fome, que haverá na terra do Egito; para que a terra não pereça de fome. E esta palavra foi boa aos olhos de Faraó, e aos olhos de todos os seus servos. E disse Faraó a seus servos: Acharíamos um homem como este em quem haja o espírito de Deus?"

(Gênesis 41.33-38)

Aprenda com José e guarde ao menos a quinta parte.

Separe no mínimo 20% do que você ganha de provisão. Se o seu salário mensal é R$2.000,00, por exemplo, tente investir pelo menos R$400,00 por mês.

Fazendo isto, em 30 meses, terás uma reserva de emergência equivalente a 6 meses do teu salário.

No exemplo citado, terias acumulado um total de 12 mil, fora os juros ganhos através de investimentos, que para o caso poderia ser Tesouro Selic ou até numa caixinha do Nubank criada para esse fim, que rende 100% do CDI e possui liquidez imediata.

Depois do investimento no Reino e pagamento das suas contas (as de fato necessárias) e antes do luxo, separe a sua provisão.

Tenha uma dívida consigo mesmo e sua família, pague uma parte ao futuro de vocês, não somente ao presente, mas sempre na confiança de Deus, pois a ele pertence o dia de amanhã. Como dito em Tiago 4.15: *"Se o Senhor quiser, e se vivermos, faremos isto ou aquilo."*.

"O rico domina sobre o pobre, e o que toma emprestado é servo do que empresta."

(Provérbios 22.7)

Não seja escravo de Bancos, cartões de crédito, cheque especial, financiamentos, financeiras, agiotas, nem de pessoa alguma, trabalhe para você, pelos seus objetivos e não para ficar pagando dívidas.

Poupe e invista para fazer uma viagem, comprar seu carro, adquirir qualquer outra coisa de grande valor, sem precisar pegar empréstimo, a diferença é absurda.

Seja fiel no seu propósito, persevere.

Não pegues, mas faça de contas que pegou o empréstimo e pague a si mesmo direitinho todo o mês. Receba com os investimentos, juros que o ajudarão a realizar seu sonho à vista.

Empenhe-se por comprar à vista e não a prazo. Meu marido eu fizemos o acordo das 3 parcelas, procuramos não parcelar em mais de 3 x, salvo em situações vantajosas e de comum acordo, por vezes é melhor pagar o preço de uma vez e obter bons descontos.

Hipótese 1: "Você precisa de R$25.000,00 para comprar um carro e escolhe poupar e investir com disciplina e esperar até conseguir o valor que necessita."

Resultado 1: Você passa dois ou três anos poupando e investindo 20 mil. Os 5 mil restantes ganha de brinde, ou melhor, com os juros e ainda pode negociar com o vendedor um desconto pelo pagamento à vista.

Hipótese 2: "Você quer agora, não quer gastar tempo juntando.".

Resultado 2: Você pega os 25 mil emprestado no Banco e já que não quis gastar um pouco de tempo juntando e investindo, gasta mais pagando (dinheiro e tempo), uns 50 mil em 5 anos.

O resultado depende da sua escolha: Preferes ganhar 5 mil por ter sido disciplinado ou perder 25 mil por ter sido apressado? Preferes trabalhar para o Banco ou que ele trabalhe por você?

Davi – o homem segundo o coração de Deus, o próprio Deus fez esta declaração acerca dele, nos deu o exemplo de investir e como investir na Casa do Senhor.

É preciso amor, alegria, voluntariedade e liberalidade. Espelhe-se em sua declaração e atitude:

"E ainda, porque tenho afeto à casa de meu Deus, o ouro e prata particular que tenho eu dou para a casa do meu Deus, afora tudo quanto tenho preparado para a casa do santuário: Três mil talentos de ouro de Ofir; e sete mil talentos de prata purificada, para cobrir as paredes das casas. Ouro para os objetos de ouro, e prata para os de prata; e para toda a obra de mão dos artífices. Quem, pois, está disposto a encher a sua mão, para oferecer hoje voluntariamente ao Senhor?"

(1 Crônicas 29.3-5)

Não veja a Casa do Senhor em ruínas e olhe somente para a tua:

"Porventura é para vós tempo de habitardes nas vossas casas forradas, enquanto esta casa fica deserta? Ora, pois,

assim diz o Senhor dos Exércitos: Considerai os vossos caminhos. Semeais muito, e recolheis pouco; comeis, porém não vos fartais; bebeis, porém não vos saciais; vestis-vos, porém ninguém se aquece; e o que recebe salário, recebe-o num saco furado. Assim diz o Senhor dos Exércitos: Considerai os vossos caminhos. Subi ao monte, e trazei madeira, e edificai a casa; e dela me agradarei, e serei glorificado, diz o Senhor. Esperastes o muito, mas eis que veio a ser pouco; e esse pouco, quando o trouxestes para casa, eu dissipei com um sopro. Por que causa? disse o Senhor dos Exércitos. Por causa da minha casa, que está deserta, enquanto cada um de vós corre à sua própria casa. Por isso retém os céus sobre vós o orvalho, e a terra detém os seus frutos. E mandei vir a seca sobre a terra, e sobre os montes, e sobre o trigo, e sobre o mosto, e sobre o azeite, e sobre o que a terra produz; como também sobre os homens, e sobre o gado, e sobre todo o trabalho das mãos."

(Ageu 1.4-11)

<u>INVISTA EM VOCÊ, NA SUA CASA</u>

"Veio, pois, a mim Hanameel, filho de meu tio, segundo a palavra do Senhor, ao pátio da guarda, e me disse: Compra agora a minha herdade que está em Anatote, na terra de Benjamim; porque teu é o direito de herança, e tens o resgate; compra-a para ti. Então entendi que isto era a palavra do Senhor. Comprei, pois, a herdade de Hanameel, filho de meu tio, a qual está em Anatote; e pesei-lhe o dinheiro, dezessete siclos de prata. E assinei a escritura, e selei-a, e fiz confirmar por testemunhas; e pesei-lhe o dinheiro numa balança. E tomei a escritura da compra, selada segundo a lei e os estatutos, e a cópia aberta. E dei a escritura da compra a Baruque, filho de Nerias, filho de Maaséias, na presença de Hanameel, filho de meu tio e na presença das testemunhas, que subscreveram a escritura da compra, e na presença de todos os judeus que se assentavam no pátio da guarda. E dei ordem a Baruque, na presença deles, dizendo: Assim diz o Senhor dos Exércitos, o Deus de Israel: Toma estas escrituras, este auto de compra, tanto a selada, como a aberta, e coloca-as num vaso de barro, para que se possam conservar muitos dias.

Porque assim diz o Senhor dos Exércitos, o Deus de Israel: Ainda se comprarão casas, e campos, e vinhas nesta terra."

(Jeremias 32.8-15)

Deus foge à lógica da situação da época de Jerusalém e manda Jeremias investir num imóvel.

"Porque assim diz o Senhor: Como eu trouxe sobre este povo todo este grande mal, assim eu trarei sobre ele todo o bem que lhes tenho declarado. E comprar-se-ão campos nesta terra, da qual vós dizeis: Está desolada, sem homens, sem animais; está entregue na mão dos caldeus. Comprarão campos por dinheiro, e assinarão as escrituras, e as selarão, e farão que confirmem testemunhas, na terra de Benjamim, e nos contornos de Jerusalém, e nas cidades de Judá, e nas cidades das montanhas, e nas cidades das planícies, e nas cidades do sul; porque os farei voltar do seu cativeiro, diz o Senhor."

(Jeremias 32.42-44)

Às vezes é necessário fugirmos à lógica para prosperarmos.

Se você tem certeza que está agindo sob a direção de Deus, não hesite em prosseguir, ainda que tudo te pareça contrário, mesmo que ninguém acredite.

Deus enxerga além. Peça que ele te abras os olhos para que você veja a oportunidade estampada na tua cara. Tenho aprendido e vivido que não é pelo que se vê e sim pelo que se crê.

Não te aconselho necessariamente a investir num imóvel, mas te aconselho a investir.

Você pode investir, por exemplo, para a tua independência financeira, aposentadoria complementar, para a faculdade dos filhos…

Tenha objetivos, não é saudável juntar dinheiro só por juntar, não faz sentido!

Pesquise também a opção mais adequada para a sua necessidade.

Se o que você está guardando é para imprevistos, gastos extras, obras emergenciais, reserva de emergência, que precisa de alta liquidez (resgate rápido do dinheiro), pode colocar no Tesouro Selic, por exemplo, é provisão apenas.

Agora, se você quer mesmo investir a médio e longo prazo, pesquise opções ainda mais rentáveis, mesmo que você seja do perfil Conservador, que não gosta de se aventurar por aí em ações, por exemplo.

Há diversas opções de investimentos, de baixo risco, em que se consegue ganhar consideravelmente mais que na Poupança. Tesouro Direto IPCA, Tesouro Direto Pré-fixado, LCI, LCA e CDB são exemplos de investimentos conservadores e que podem ser bem mais atraentes e lucrativos.

Quanto mais tempo se tem para deixar o dinheiro investido, menos dinheiro se precisará depositar para se obter o valor desejado. O poder da multiplicação dos juros compostos fará a diferença!

Já se desejas a suposta quantia em menos tempo, precisará depositar mais para obter a quantia que você quer.

Claro que em ambos os casos, é necessário considerar o rendimento líquido de fato, dos diferentes investimentos, descontando taxas, imposto de renda, eles fazem muita diferença.

AME E AJUDE AO PRÓXIMO

Muitos acham a Bíblia um livro cheio de ordenanças da parte de Deus, mas Jesus resumiu toda ela em dois mandamentos:

"E Jesus disse-lhe: Amarás o Senhor teu Deus de todo o teu coração, e de toda a tua alma, e de todo o teu pensamento. Este é o primeiro e grande mandamento. E o segundo, semelhante a este, é: Amarás o teu próximo como a ti mesmo. Destes dois mandamentos dependem toda a lei e os profetas."

(Mateus 22.37-40)

Se você for capaz de amar a Deus acima de tudo e amar ao teu próximo como ama a si mesmo, conseguirás cumprir todas as ordenanças bíblicas.

O problema é que ninguém foi bom o suficiente nisto, só Jesus! Somente crendo que ele nos salvou, não por mérito nosso, mas pela graça de Deus, favor imerecido, recebendo primeiramente este amor incondicional é que poderemos retribuir-lhe, amando-o também e desejando lhe obedecer de coração e assim oferecer ao nosso próximo tal amor, perdão e misericórdia, sem esperar nada em troca.

Só quem tem é capaz de dar! É fruto do Espírito em nós (Gálatas 5.22,23), sem Jesus nada podemos fazer (João 15.5).

É pelo amor que somos conhecidos como seguidores dele, conforme João 13.35: *"Nisto todos conhecerão que sois meus discípulos, se vos amardes uns aos outros."*

Não ame só de palavras, mas ame com atitudes, como o mestre nos ensinou:

"Quem, pois, tiver bens do mundo, e, vendo o seu irmão necessitado, lhe cerrar as suas entranhas, como estará nele o amor de Deus?"
(1 João 3.17)

Não é para virar o famoso "Tio Patinhas" da Walt Disney, é preciso gastar também, há tempo para isso.

"Tudo tem o seu tempo determinado, e há tempo para todo o propósito debaixo do céu."
(Eclesiastes 3.1)

"Tempo de buscar, e tempo de perder; tempo de guardar, e tempo de lançar fora;"
(Eclesiastes 3.6)

Não é para gastar por puro consumismo, ou só pelo prazer que proporciona o fato de gastar.

Algumas pessoas quando estão estressadas saem por aí fazendo compras para aliviar a tensão e o pior que isto funciona momentaneamente, traz um alívio paliativo, mas não resolve a causa raiz, assim como outros, erroneamente também mergulham na bebida, no cigarro, nas drogas.

Você não precisa de nenhuma destas coisas, precisa apenas aceitar o convite de Jesus:

"Vinde a mim, todos os que estais cansados e oprimidos, e eu vos aliviarei. Tomai sobre vós o meu jugo, e aprendei de mim, que sou manso e humilde de coração; e encontrareis descanso para as vossas almas. Porque o meu jugo é suave e o meu fardo é leve."

(Mateus 11.28-30)

Ouça o conselho do apóstolo Pedro e entregue para Deus as suas ansiedades:

"Humilhai-vos, pois, debaixo da potente mão de Deus, para que a seu tempo vos exalte; Lançando sobre ele toda a vossa ansiedade, porque ele tem cuidado de vós."

(1 Pedro 5.6-7)

Gaste com equilíbrio, planejamento, sabedoria, sabendo esperar o tempo certo.

Que seus gastos que te proporcionem somente prazer e não culpa. Esta que costuma vir depois que fazemos o que não era para fazer.

Já dizimou? Ofertou? Pagou as contas? Deixou uma reserva para imprevistos? Poupou e investiu para seus objetivos? Ajudou o próximo? Sim!? Então pode gastar com prazer, com a consciência tranquila.

"Que proveito tem o trabalhador naquilo em que trabalha? Tenho visto o trabalho que Deus deu aos filhos dos homens, para com ele os exercitar."

(Eclesiastes 3.9-10)

"Já tenho entendido que não há coisa melhor para eles do que alegrar-se e fazer bem na sua vida; E também que todo o homem coma e beba, e goze do bem de todo o seu trabalho; isto é um dom de Deus."

(Eclesiastes 3.12-13)

E se você estiver sem verba para gastar no momento? Há muitas coisas boas que se pode fazer sem dinheiro. O mais importante é ter um tempo para descansar, para se divertir.

Gaste principalmente tempo com Deus, com seu cônjuge, seus filhos, família e com você.

Dica bíblica, para os casados, de uma coisa legal que dá para fazer de graça:

"Seja bendito o teu manancial, e alegra-te com a mulher da tua mocidade. Como cerva amorosa, e gazela graciosa, os seus seios te saciem todo o tempo; e pelo seu amor sejas atraído perpetuamente."

Entendeu? Sem comentários! Você que é solteiro, não fique triste, não faltam opções para você: jogar bola, conversar, ler um bom livro (pesquise por Débora Aieta na Amazon se quiser ler minhas obras posteriores), passear, começar a pensar em investir para casar, caso queiras.

Troque de lugar, em vez de ficar contraindo dívidas e pagando juros, empreste você e os receba através de investimentos.

Coloque seu dinheiro para trabalhar pelos teus objetivos, não viva apenas para trabalhar e pagar contas.

"Ao estranho emprestarás com juros, porém a teu irmão não emprestarás com juros; para que o Senhor teu Deus te abençoe em tudo que puseres a tua mão, na terra a qual vais a possuir."
(Deuteronômio 23.20)

Quando você coloca dinheiro no Tesouro Direto, está emprestando ao governo do Brasil para investir em saúde, educação, etc e recebe juros por isso.

Quando você investe em CDB, está emprestando seu dinheiro para financiar atividades de crédito do Banco em questão e recebe juros por isso.

Quando você investe em fundos imobiliários, pode receber aluguéis, em ações, dividendos...

Já ao teu próximo, não empreste para obter juros:

"Não dando o seu dinheiro à usura, e não recebendo demais, desviando a sua mão da injustiça, e fazendo verdadeiro juízo entre homem e homem;"
(Ezequiel 18.8)

"Quando emprestares alguma coisa ao teu próximo, não entrarás em sua casa, para lhe tirar o penhor."
(Deuteronômio 24.10)

"Amai, pois, a vossos inimigos, e fazei bem, e emprestai, sem nada esperardes, e será grande o vosso galardão, e sereis filhos do Altíssimo; porque ele é benigno até para com os ingratos e maus."
(Lucas 6.35)

Mas e quando você ajuda a quem não pode pagar? Você sabia que o ditado "Quem dá aos pobres, empresta a Deus" é bíblico? Veja:

"Ao Senhor empresta o que se compadece do pobre, ele lhe pagará o seu benefício."
(Provérbios 19.17)

"Bem-aventurado é aquele que atende ao pobre; o SENHOR o livrará no dia do mal. O Senhor o livrará, e o conservará em vida; será abençoado na terra, e tu não o entregarás à vontade de seus inimigos. O Senhor o sustentará no leito da enfermidade; tu o restaurarás da sua cama de doença."

(Salmos 41.1-3)

E quando você devolve seu dízimo e oferta na Casa do Senhor, investe na obra com fidelidade, amor, alegria e gratidão, sabe o que acontece? Ele abre as janelas do céu e derrama sobre você bênção sem medida.

Eita Glória! Que investimentos maravilhosos! Terras férteis!

"Trazei todos os dízimos à casa do Tesouro, para que haja mantimento na minha casa; e provai-me nisto, diz o Senhor dos Exércitos, se eu não vos abrir as janelas do céu e não derramar sobre vós bênção sem medida."

(Malaquias 3.10)

A Palavra te instrui: Empreste, mas não pegue emprestado!

"O Senhor te abrirá o seu bom tesouro, o céu, para dar chuva à tua terra no seu tempo, e para abençoar toda a obra das tuas mãos; e emprestarás a muitas nações, porém tu não tomarás emprestado."

(Deuteronômio 28.12)

"Porque o Senhor teu Deus te abençoará, como te tem falado; assim, emprestarás a muitas nações, mas não tomarás empréstimos; e dominarás sobre muitas nações, mas elas não dominarão sobre ti."

(Deuteronômio 15.6)

<u>POUPADOR NÃO! INVESTIDOR!</u>

Poupar somente não basta! Tem que investir para multiplicar! Leia com atenção a parábola dos Talentos:

"Pois será como um homem que, ausentando-se do país, chamou os seus servos e lhes confiou os seus bens. A um deu cinco talentos, a outro, dois e a outro, um, a cada um segundo a sua própria capacidade; e, então, partiu. O que recebera cinco talentos saiu imediatamente a negociar com eles e ganhou outros cinco. Do mesmo modo, o que recebera dois ganhou outros dois. Mas o que recebera um, saindo, abriu uma cova e escondeu o dinheiro do seu senhor. Depois de muito tempo, voltou o senhor daqueles servos e ajustou contas com eles. Então, aproximando-se o que recebera cinco talentos, entregou outros cinco, dizendo: Senhor, confiaste-me cinco talentos; eis aqui outros cinco talentos que ganhei. Disse-lhe o senhor: Muito bem, servo bom e fiel; foste fiel no pouco, sobre o muito te colocarei; entra no gozo do teu senhor. E, aproximando-se também o que recebera dois talentos, disse: Senhor, dois talentos me confiaste; aqui tens outros dois que ganhei. Disse-lhe o senhor: Muito bem, servo bom e fiel; foste fiel no pouco, sobre o muito te colocarei; entra no gozo do teu

senhor. Chegando, por fim, o que recebera um talento, disse: Senhor, sabendo que és homem severo, que ceifas onde não semeaste e ajuntas onde não espalhaste, receoso, escondi na terra o teu talento; aqui tens o que é teu. Respondeu-lhe, porém, o senhor: Servo mau e negligente, sabias que ceifo onde não semeei e ajunto onde não espalhei? Cumpria, portanto, que entregasses o meu dinheiro aos banqueiros, e eu, ao voltar, receberia com juros o que é meu. Tirai-lhe, pois, o talento e dai-o ao que tem dez. Porque a todo o que tem se lhe dará, e terá em abundância; mas ao que não tem, até o que tem lhe será tirado. E o servo inútil, lançai o para fora, nas trevas. Ali haverá choro e ranger de dentes.

(Mateus 25.14-30)

Observe que o servo reprovado não parecia tão ruim, ele sequer gastou parte do que lhe foi confiado, guardou, poupou, enterrou! Mas Jesus o chama de mau, negligente (preguiçoso), inútil!

É isto que também fazemos com os recursos que nos foram confiados, quando simplesmente juntamos, deixamos dinheiro em casa, num cofrinho e até mesmo na caderneta de poupança ou em capitalização (só por conta de um sorteio de algum prêmio).

O fato é que quando deixamos o dinheiro simplesmente guardado, enterrado, parado ou até mesmo em algum investimento com rendimento inferior a inflação, estamos perdendo dinheiro.

Vá ao supermercado e observe os preços dos alimentos, que no geral, estão sempre aumentando com o tempo. A quantia que você tem hoje, não terá o mesmo valor amanhã. Então você precisa acompanhar isto!

Como? Uma excelente decisão no caso de alta da inflação é direcionar boa parte dos teus recursos para investimentos que rendam acima da inflação, por exemplo: Tesouro IPCA +.

Alguns ao lerem o final desta parábola podem ter a impressão de que o "senhor" foi injusto ao mandar tomar o único talento do servo que o tinha guardado, retido, enterrado e dá-lo ao que tinha mais.

Porém, se examinarem direito, verão que não falta justiça no "senhor" da parábola, que dirá no "Senhor", a quem de fato ela ilustra, compara, refere-se...

O fato é que o servo que recebeu apenas um talento, não o gerenciou como deveria, já o que recebeu dois e o que recebeu cinco, administraram bem o que lhes fora confiado, geriram com fidelidade, trabalharam e multiplicaram o que lhes foi entregue, então subiram de nível, do "pouco", para o "muito", ganharam mais recursos, mais confiança e mais trabalho e responsabilidade também.

É tão simples e justo que acabei de compreender esta parábola aplicando-a aqui em casa na organização com meus filhos, crianças ainda, expliquei: É parecido com os brinquedos que vocês ganharam, se usarem, brincarem e depois colocarem no devido lugar, estarão de parabéns e poderão até ganhar mais, mas se deixarem espalhados em qualquer canto por aí, poderão ser retirados e dados a outras crianças, além do que, não vamos querer dar mais, pois se não estão cuidando bem, dando conta do que já tem, que dirá se tiverem ainda mais?!

Meu irmão, ou irmã, não vamos reclamar se hoje temos pouco, vamos ser fiéis e administrar bem, trabalhar para aumentar, multiplicar e assim, nos mostrando fiéis e capazes, certamente o "Senhor" nos poderá confiar mais, um próximo nível. Lembre-se de José que foi de escravo a governador do Egito (Vide livro de Êxodo)!

APROVEITE AS OPORTUNIDADES

Deus foi "indireto" com Isaías:

"Depois disto ouvi a voz do Senhor, que dizia: A quem enviarei, e quem há de ir por nós? Então disse eu: Eis-me aqui, envia-me a mim."
(Isaías 6.8)

O Senhor fez apenas uma pergunta na sua frente e ele se prontificou. Viu a oportunidade e abraçou o desafio.

Isaías não agiu com espírito de covardia ou omissão, mesmo diante de uma grande responsabilidade.

Imagino que ele encheu o peito para responder: "Eis-me aqui". Uma resposta não dada com soberba, mas porque ele sentia-se pronto, capacitado pelo próprio Deus para ir aonde este o enviasse.

O profeta não rejeitou, nem deixou a oportunidade passar, encarou a missão e foi bem-sucedido.

Há pessoas "proativas", como Isaías e outras "fugitivas", como Jonas.

Com o profeta Jonas foi diferente. Deus foi direto com seu chamado e ainda foi preciso falar duas vezes. Na primeira, ele tentou fugir, sendo-lhe necessário sofrer uma dura correção, para então aproveitar a sua segunda chance.

"E veio a palavra do SENHOR segunda vez a Jonas, dizendo: Levanta-te, e vai à grande cidade de Nínive, e prega contra ela a mensagem que eu te digo."
(Jonas 3.1-2)

O transporte de Jonas foi o ventre de um grande peixe, o qual o engoliu depois da desobediência, mas, ao mesmo tempo, o salvou do mar, vomitando-o em terra, segundo a ordem do Senhor em Jonas 2.10 (peixe mais obediente que muita gente). Foi amor, salvação e correção! Eu prefiro obedecer logo e ir confortável. E você, vai de peixe?

Não diga: Por que eu? E sim: Por que não eu? Não fuja! Não seja covarde! Não tenha medo! Deslumbre as oportunidades e agarre as chances que Deus te dá! Ele não te deixa só. *"Fiel é o que vos chama, o qual também o fará."* (1 Tessalonicenses 5.24)

SEJA GRATO E SAIBA VIVER EM TODO TEMPO

Seja grato a Deus em todo tempo, mas isto não significa viver acomodado, na zona de conforto e que por vezes nem é tão confortável assim, mas muitos se acostumam nela.

É necessário buscar conhecimento de Deus e de sua Palavra primeiramente, mas não despreze a Ciência, Tecnologia ou o que te for necessário para a área que você atua ou deseja atuar, procure crescer profissional e financeiramente.

"O meu povo foi destruído, porque lhe faltou o conhecimento;"
(Oseias 4.6)

Porém, é preciso ser grato a Deus sempre, viver feliz e não se lamentando, murmurando acerca das coisas que parecem desfavoráveis e contrárias, afinal se você ama a Deus, foi chamado segundo o seu propósito, tudo vai obrigatoriamente cooperar para o teu bem. Mude o foco, olhe diferente para o problema, diga para a situação que você está vivendo: Vai ter que cooperar para o meu bem!

É o que está escrito em **Romanos 8.28** e se está escrito na Palavra, está garantido, pois Fiel é o que prometeu para cumprir e isto também está escrito (**Hebreus 10.23 e Jeremias 1.12**).

"Em tudo dai graças, porque esta é a vontade de Deus em Cristo Jesus para convosco."
(1 Tessalonicenses 5.18)

É necessário aprender com o apóstolo Paulo que estava preparado, instruído para qualquer tempo; fosse de bonança, favorável, de fartura ou de escassez e crise. Ele nos revela seu segredo em <u>Filipenses 4.11-13</u>: *"Não digo isto como por necessidade, porque já aprendi a contentar-me com o que tenho. Sei estar abatido, e sei também ter abundância; em toda a maneira, e em todas as coisas estou instruído, tanto a ter fartura, como a ter fome; tanto a ter abundância, como a padecer necessidade. Posso todas as coisas em Cristo que me fortalece."*.

NÃO NEGOCIE O QUE NÃO TEM PREÇO

"Então Acabe falou a Nabote, dizendo: Dá-me a tua vinha, para que me sirva de horta, pois está vizinha ao lado da minha casa; e te darei por ela outra vinha melhor: ou, se for do teu agrado, dar-te-ei o seu valor em dinheiro. Porém Nabote disse a Acabe: Guarde-me o Senhor de que eu te dê a herança de meus pais."

(1 Reis 21.2-3)

Nabote não negociou sua vinha! Há coisas que não se vendem e não se trocam! Não negocie teus valores, teus filhos, tua família, teu ministério, tua salvação!

"Eis que os filhos são herança do Senhor, e o fruto do ventre o seu galardão."

(Salmos 127.3)

"Eis que venho sem demora; guarda o que tens, para que ninguém tome a tua coroa."

(Apocalipse 3.11)

<u>VOCÊ TEM UM PREÇO</u>

Colocaram um preço em José. Foi vendido pelos próprios irmãos aos ismaelitas por 20 moedas de prata.

Judas entregou Jesus por 30 moedas de prata.

"Então se realizou o que vaticinara o profeta Jeremias: Tomaram as trinta moedas de prata, preço do que foi avaliado, que certos filhos de Israel avaliaram,"
(Mateus 27.9)

Talvez, alguns, também já quiseram te imputar um valor ou mesmo afirmaram que você não vale nada.

Afinal de contas, qual é o seu valor, qual é o seu preço? Você se venderia por um milhão de dólares?

Não se venda! Você vale bem mais que isso...

Na verdade, nem todo dinheiro que há no mundo pode pagar o seu preço...

"Pois, que aproveitaria ao homem ganhar todo o mundo e perder a sua alma? Ou, que daria o homem pelo resgate da sua alma?"
(Marcos 8.36-37)

"....o resgate de uma vida não tem preço. Não há pagamento que o livre"

(Salmos 49.8)

Eu quero te dizer que o preço já foi pago!

Sabe quanto custou? O sangue de Jesus! Ele se deu por inteiro para te comprar de volta para Deus.

Seja propriedade exclusiva do Senhor, você é muito precioso para ele!

Jesus pagou caro por você, porque *Deus te amou de tal maneira que deu o seu Filho unigênito, para que você nele creia, não pereça, mas tenha a vida eterna.* **(João 3.16)**.

Palavra Final

Este livro não tem o intuito de querer te ensinar a ser rico materialmente nesta terra, até porque Jesus disse em **Lucas 18: 24** *"Quão dificilmente entrarão no reino de Deus os que têm riquezas!"* e no versículo 25 *"Porque é mais fácil entrar um camelo pelo fundo de uma agulha do que entrar um rico no reino de Deus."*.

Ele falou isto não por conta do dinheiro em si, mas porque é comum aos ricos se apegar a ele, o amar, o venerar e confiar nele.

Este livro tomou como base os ensinamentos da Palavra de Deus, a Bíblia, ele pretende te ensinar a ser próspero.

Ser próspero é não ter falta de nada e é isso que eu te desejo: Que não te falte amor, paz, saúde, alegria, domínio próprio, bom ânimo, recursos.... Que a crise financeira atual em que vive nosso país não te alcance, mas que Cristo te alcance, mude a sua vida e te surpreenda, pois só com ele é possível ser próspero de verdade, mesmo que você ganhe um salário-mínimo ou nem isso…

Diga, creia e viva como o salmista Davi, no livro de **Salmos 23.1**: *"O Senhor é o meu pastor e nada me* *faltará"*. Importa que "Até aqui nos ajudou o Senhor". Ele tem cuidado de nós:

"Olhai para as aves do céu, que nem semeiam, nem segam, nem ajuntam em celeiros; e vosso Pai celestial as alimenta. Não tendes vós muito mais valor do que elas?"

(Mateus 6.26)

"Pois, se Deus assim veste a erva do campo, que hoje existe, e amanhã é lançada no forno, não vos vestirá muito mais a vós, homens de pouca fé?"

(Mateus 6.30)

Peça a ele que entre na sua vida em cada pedacinho: coração, mente, saúde, família, relacionamentos, trabalho e nas finanças também.

Aprenda com Deus! Deixe-o te ensinar a gerir os recursos que lhe confia!

Com ele o pouco é muito. Lembra-se dos dois peixinhos e cinco pães para toda àquela multidão?

Para o olhar humano, para a nossa lógica, era tão pouco.... "Mas o que é isto para tantos?" foi o que o discípulo André disse, porém quando entregaram o que tinham para Jesus, todos se alimentaram, ficaram satisfeitos e ainda sobejou muito.

Eu preciso da lógica para trabalhar na TI, mas Deus não precisa dela. Ele a contraria muitas vezes, pois tem poder para atuar no imprevisível e mais: no impossível! Não há limites para o Senhor.

Certa feita, meu esposo e eu nos enrolamos no orçamento e vimos que o dinheiro não ia dar, eu lembro quando falei triste para ele "puxa, não queria pegar emprestado (mesmo que fosse com minha mãe ou pai)".

Pouco tempo depois, ligou alguém para o meu marido, de um plano de saúde que ele fez no trabalho dele, mais por conta de sua mãe e ele nem atendeu de imediato, pediu para retornar depois. Eles retornaram e informaram que ele tinha ganho um dinheiro no sorteio do plano.

Ora, nem sabíamos que estávamos participando de sorteio nenhum, mas o dinheiro veio na hora certa, na quantia adequada para nos tirar do sufoco e não precisarmos pegar emprestado.

É assim quando você entrega sua vida ao Pai. Você não precisa correr atrás de nada; creia, ame e siga Cristo e as bênçãos correrão atrás de você e te alcançarão.

Você fica boquiaberto, estupefato, não entende nada, Deus inventa uma para te abençoar, como dizia um saudoso diácono de nossa igreja sede.

Ele é assim, sempre nos surpreendendo, sempre acima das nossas expectativas.

Ele fez e continua fazendo milagres, pode também libertar corações consumistas hoje!

"Todo crente é ex-alguma coisa!", dizia um colega de trabalho. Sim, é verdade, pois é impossível encontrar Jesus e continuar sendo o mesmo!

Que tal ser um ex-endividado, ex-consumista para honra e glória do Senhor? Aleluia!

Guarde no seu coração e tome para a sua vida:

"Não se aparte da tua boca o livro desta lei; antes medita nele dia e noite, para que tenhas cuidado de fazer conforme a tudo quanto nele está escrito; porque então farás prosperar o teu caminho, e serás bem-sucedido."

(Josué 1.8)

"Bem-aventurado aquele que teme ao SENHOR e anda nos seus caminhos. Pois comerás do trabalho das tuas mãos; feliz serás, e te irá bem."

(Salmos 128.1-2)

Enquanto escrevo este livro, nosso país passa uma grave crise financeira, o número de desempregados aumentou consideravelmente e mais pessoas estão endividadas, todavia eu e minha casa dizemos "não" para a crise e "sim" para Cristo.

A nossa confiança está no Senhor, nossa esperança não será frustrada e de nada teremos falta, encontramos tudo que precisamos nele!

O cenário de nossa nação ainda é composto de corrupção, violência, miséria e toda sorte de coisas que desagradam a Deus e levam um país à falência... Mas eu ainda acredito!

"....onde o pecado abundou, superabundou a graça;"
(Romanos 5.20)

Depende de mim e de você:

"E se o meu povo, que se chama pelo meu nome, se humilhar, e orar, e buscar a minha face e se converter dos seus maus caminhos, então eu ouvirei dos céus, e perdoarei os seus pecados, e sararei a sua terra."
(2 Crônicas 7.14)

Eu creio que o Brasil ainda será feliz!

Eu creio que Deus ainda será o Senhor da nação!

"Feliz é a nação cujo Deus é o Senhor, e o povo ao qual escolheu para sua herança."
(Salmos 33.12)

Você Sabia?

Que se você colocar no cofrinho R$1,00 por dia, durante um ano completo, ao final dele você terá R$365,00 ou R$366,00, em caso de ano bissexto. Dá para comprar roupas e calçados novos, não?

Que se você guardar R$1,00 na primeira semana do ano, R$2,00 na segunda, R$3,00 na terceira e assim sucessivamente, continuar aumentando 1 Real por semana, até completar R$52,00 na última semana do ano, conseguirás juntar R$1.378,00? Isto em se falando do dinheiro depositado no "porquinho", caso seja investido bem, vai ter um pouco mais por conta dos juros. Dá para comprar um móvel ou eletrodoméstico novo, né?

Que é melhor comprar fora das datas festivas, pois provavelmente conseguirás preços melhores? Não compre brinquedos perto do dia das crianças, compre antes, pesquisando, não na véspera, por impulso.

Que se você deixar Jesus entrar no seu coração, a sua vida e a sua história vão mudar?

Que o pouco com Jesus é muito, entregue tudo aos cuidados dele!

Que quando você divide com amor e fé, Deus multiplica?!

Que as coisas que o dinheiro não pode comprar, Jesus pode dar? Coisas básicas que todos precisam como: salvação, alegria, amor, paz e prosperidade...

Minha gratidão por toda minha vida e para sempre a Deus, meu Senhor, que me amou primeiro, e que não desiste de me ensinar dia após dia;

Ao meu esposo que me apoiou, me ajudou a melhorar este livro com suas críticas construtivas e junto comigo aprende a vivê-lo na prática;

Aos meus pais, meus grandes exemplos;

A minha filha Moriah, cujo nome significa "Deus é o meu professor" e que com cinco anos já se demonstra uma boa aluna, uma financista solidária;

Ao meu filho Daniel, que já nasceu contrariando a lógica, teve uma médica que disse que não podia bater o martelo ainda, mas que para ela eu tinha sofrido um aborto; porém como Deus é quem bate o martelo na minha vida, o nome do meu filho significa "Deus é o meu juiz";

E aos irmãos da Igreja de Nova Vida da Usina;

A palestra que eu faria para eles, a farei com o lançamento deste livro.

Bibliografia

- Bíblia Sagrada (fonte principal):
http://www.bibliaonline.com.br
http://biblia.com.br/ joaoferreiraalmeidarevistaatualizada/

- IDEC:
http://www.idec.org.br/em-acao/noticia-consumidor/carto-de-credito-e-o-vilo-do-endividamento-do-brasileiro

- R7:
http://noticias.r7.com/record-news/hora-news/videos/seis-em-cada-dez-brasileiros-estao-com-nome-sujo-cartao-de-credito-e-o-maior-vilao-30032016

- Infomoney:
http://www.infomoney.com.br/minhas-financas/planeje-suas-financas/noticia/2509147/veja-motivos-que-levam-homens-mulheres-separacao

- IG:
http://economia.ig.com.br/2014-07-23/conheca-as-modalidades-de-garantia-para-alugar-um-imovel.html

- Sulamérica Seguros: https://portal.sulamericaseguros.com.br/data/pages/ 8A61649C4E0BEA21014E0C06C26529E8.htm

- Seguros e Previdência: https://seguroseprevidencia.com/titulo-de-capitalizacao- para-aluguel/

- Quero ficar rico https://queroficarrico.com/blog/2015/01/05/desafio-52- semanas-poupar-dinheiro/